Je ne peux pas me souvenir de t'oublier

Sofia J. Ross

Copyright © 2023 Sofia J. Ross - Tous droits réservés.

Première édition : Août 2023

Aucune partie de cette œuvre, y compris le texte, les images, les graphiques ou toute autre forme de contenu, ne peut être reproduite, distribuée, transmise, stockée dans un système de récupération d'informations ou utilisée sous quelque forme ou par quelque moyen que ce soit, électronique, mécanique, photocopie, enregistrement ou autre, sans le consentement écrit préalable du titulaire des droits d'auteur.

Toutes les citations ou références tirées de cette œuvre doivent être dûment créditées à l'auteur ou au titulaire des droits d'auteur, conformément aux lois sur le droit d'auteur en vigueur.

La violation de ces droits d'auteur sera poursuivie conformément aux lois nationales et internationales sur le droit d'auteur.

Veuillez respecter le travail de l'auteur et obtenir la permission appropriée avant toute utilisation ou reproduction non autorisée de cette œuvre.

Préface

Je ne peux pas me souvenir de t'oublier de Sofia J. Ross est un livre qui explore les thèmes de la douleur, de l'amour, de l'abandon et de la guérison. Il va au-delà d'une simple collection de prose et de poèmes, offrant une expérience complète de la féminité. L'auteur invite les lecteurs à affronter les moments difficiles de la vie à travers la poésie, révélant que le bien est partout, il suffit de s'ouvrir à le voir. Les paroles de Sofia J. Ross sont dures, émouvantes, légères et déconcertantes, touchant profondément le cœur de ceux qui cherchent réconfort et courage dans la force de la poésie et de la sincérité.

Je ne peux pas me souvenir de t'oublier c'est un poème honnête qui raconte les expériences quotidiennes et collectives de l'univers féminin contemporain, une œuvre que chaque femme devrait avoir près d'elle comme un compagnon précieux. C'est une invitation à célébrer la féminité, à trouver du réconfort dans le partage des expériences et à découvrir la beauté et la force dans son moi authentique.

Prenez ce livre entre vos mains comme un cadeau précieux, comme un compagnon de voyage qui vous soutient sur le chemin de la guérison. Laisse les mots résonner au plus profond de ton être et te guider vers une nouvelle lumière positive, t'inspirent à te relever, à croire encore en l'amour et à découvrir la merveille d'un cœur qui s'ouvre à la possibilité d'aimer encore.

je ne peux pas me souvenir de t'oublier

*Dédié à vous qui souffrez par amour
et avez le cœur brisé.*

je ne peux pas me souvenir de t'oublier

Aime-toi suffisamment
pour prendre la décision
de partir
quand tu ne recevras
plus le respect
que tu mérites.

je ne peux pas me souvenir de t'oublier

Il y a une mer
de larmes
cachées derrière
mon sourire.

Une douleur invisible
mais profonde,
qui noie
mon cœur.

je ne peux pas me souvenir de t'oublier

S'il te plaît,
ne me comprends pas mal
si j'arrête de te chercher.

Ce n'est pas que tu ne me préoccupes pas,
au contraire, tu comptes bien trop.

Mais je ne peux plus endurer cette souffrance,
il est temps de penser à ma vie.

je ne peux pas me souvenir de t'oublier

Oui, je t'ai oublié,
mais parfois
je pense encore à toi.

Parfois,
en fait,
tout le temps.

je ne peux pas me souvenir de t'oublier

Il y a de petites choses de toi,
apparemment insignifiantes,
que je n'oublierai jamais.

Ce sont ces choses qui semblent être rien,
et pourtant elles restent
plus fortes que tout le reste.

je ne peux pas me souvenir de t'oublier

J'aimerais que tu me voies
quand le soir je rentre à la maison
et que je cherche désespérément
à ne pas penser à toi,
à t'*oublier*,
à t'effacer de mon esprit,
échouant misérablement
à chaque fois.

Je t'ai évincé
de ma vie,
mais c'est toi qui m'as donné
le pistolet chargé.

je ne peux pas me souvenir de t'oublier

Ce n'est pas ton absence le problème,
mais l'absence de ce que
nous étions ensemble,
le manque de *nous*.

Ensemble, nous étions quelque chose d'unique,
malheureusement, d'*irremplaçable*.

je ne peux pas me souvenir de t'oublier

Pourquoi aimer
dure si *peu*,
et oublier
dure si *longtemps*?

je ne peux pas me souvenir de t'oublier

C'est si étrange,
après mille promesses,
mille belles paroles,
mille baisers,
mille étreintes,
mille regards et
mille papillons dans le ventre,
prononcer ces mots :
je ne t'aime plus.

je ne peux pas me souvenir de t'oublier

La chose la plus triste
dans ce monde
est d'aimer
quelqu'un qui
ne t'aime plus.

je ne peux pas me souvenir de t'oublier

Lorsqu'il se brise,
il lutte pour guérir,
et même lorsqu'il guérit
et recommence à battre,
il ne bat pas de la même manière qu'auparavant.

Le cœur est un organe résilient mais fragile.

je ne peux pas me souvenir de t'oublier

J'ai effacé ton numéro,
mais je le connais par cœur.

J'ai effacé tes messages,
mais je me souviens de tout ce que tu as écrit.

Nous ne nous parlons plus,
mais je n'oublierai jamais le son de ta voix.

Nous ne nous enlaçons plus,
mais ton parfum persiste sur mes vêtements.

Chaque moment que nous avons partagé,
je les revis chaque nuit dans mes *rêves*.

je ne peux pas me souvenir de t'oublier

Je ne pouvais plus te faire confiance,
à chaque fois que tu partais,
puis tu revenais en me jurant
que tu ne le ferais plus.

Cette fois-ci, je préfère te dire
au revoir.

je ne peux pas me souvenir de t'oublier

Je ne crois pas
en ceux qui reviennent.

Je ne crois qu'en
ceux qui *restent*.

je ne peux pas me souvenir de t'oublier

Le temps révèle tout.

Ce n'est pas important que quelqu'un dise
qu'il sera avec toi,
mais celui qui reste à tes côtés
quand tous les autres
sont partis.

je ne peux pas me souvenir de t'oublier

Je me sentais fausse,
j'ai changé tout de moi
juste pour te plaire,
je sentais que je n'étais pas suffisante,
jusqu'à ce que je comprenne
trop tard
que celui qui était dans l'erreur,
c'était *toi*.

je ne peux pas me souvenir de t'oublier

J'ai passé tout l'été à te désirer,
à espérer que tu remarquerais
mes regards,
mes sourires,
puis un soir sur la plage,
je t'ai vu avec elle,
mon cœur s'est figé,
c'était comme l'hiver en août.

je ne peux pas me souvenir de t'oublier

Tu es admirable
parce que tu n'es pas
le reflet
de ce qui t'a été fait.

je ne peux pas me souvenir de t'oublier

La revanche,
une illusion vide.

Guéris,
couvre tes blessures avec amour et patience.

Continue d'avancer,
ne laisse pas la douleur ou l'obscurité te retenir.

Ne permets pas à ceux qui t'ont blessé
d'influencer ton avenir ou
de façonner ton essence.

Ne te laisse pas corrompre,
ne deviens pas comme eux,
sois toi-même,
sois meilleur,
brille.

je ne peux pas me souvenir de t'oublier

Nous nous sommes quittés depuis presque un an,
une année où je ne t'ai pas vu,
où j'essaie de ne pas penser à toi,
de t'oublier,
mais chaque chose me rappelle toi.

je ne peux pas me souvenir de t'oublier

Nous nous sommes séparés de la pire des manières.

Nous ne nous voyons plus,
nous ne nous parlons plus.

Mais dans les endroits où nous étions,
c'est toujours nous deux...

je ne peux pas me souvenir de t'oublier

La seule personne
que j'ai perdue
et dont j'avais besoin
étais *moi-même*.

je ne peux pas me souvenir de t'oublier

Depuis que tu m'as quittée,
tout est devenu plus difficile.

Je pensais être plus forte,
pouvoir recommencer
mais je n'y arrive pas,
car partout où je vais,
je te vois toujours chez les autres,
dans leurs sourires,
dans leurs regards,
dans leurs comportements,
je trouve une nuance de toi
dans chaque personne
que je rencontre.

je ne peux pas me souvenir de t'oublier

J'ai tellement souffert à cause de toi,
tu m'as quittée soudainement.

Mais je suis sûre qu'un jour,
quand tu t'y attendras le moins,
sans prévenir,
tu me manqueras.

Un dimanche matin,
tu te souviendras de nous et
de ce que nous étions ensemble,
et tu ressentiras un vide soudain
dans ton estomac,
tu voudras retrouver ce qui était à toi
et que tu as laissé partir.

Tu auras envie de revenir vers moi,
mais *je ne serai pas là.*

je ne peux pas me souvenir de t'oublier

Écoute le vent,
s'il emporte avec lui mon nom,
car dans son murmure,
je trouve le tien.
Ce n'était pas prévu
que nos chemins se séparent ainsi,
c'était un lien incomparable.

Nous méritons une autre chance ensemble.

Tu dois être libre de tomber amoureuse.

Tombe amoureuse de quelqu'un
avec qui tu peux être *vulnérable*
sans avoir à te défendre.

je ne peux pas me souvenir de t'oublier

Tu m'as laissée ici,
dans les sables du temps,
une ombre d'un amour
qui s'évanouit dans le vent.

Mots non dits,
regards qui se perdent,
le silence profond
d'un destin suspendu.

Le regret sur les lèvres,
la tourmente dans les cœurs,
les promesses brisées
dans la nuit du temps.

Tu m'as laissée ici,
parmi les fragments du cœur,
encore à la recherche de réponses,
encore à la recherche d'amour.

Je sais parfaitement que
tu as ton propre refuge où te cacher
quand tout semble trop, trop difficile.

J'aimerais faire partie
de cet endroit un jour.

je ne peux pas me souvenir de t'oublier

La crainte que j'avais était de te perdre,
et ainsi, je t'ai perdu,
comme un fragile pétale porté par le vent,
qui frôle le sol et disparaît.

Dans l'obscurité de la nuit,
je te pense et te sens encore,
dans l'espoir qu'un jour,
je puisse te retrouver dans mes bras.

Mais pour l'instant, il ne me reste que le regret,
car ma crainte était de te perdre,
et ainsi, je t'ai perdu.

je ne peux pas me souvenir de t'oublier

Je crois qu'à certains moments,
les belles choses se terminent
afin que des choses meilleures
puissent arriver.

Ou du moins,
j'aime le croire.

je ne peux pas me souvenir de t'oublier

À la fin de cette histoire,
nous avons tous les deux perdu :
j'ai perdu du temps,
et tu m'as perdu, *moi*.

je ne peux pas me souvenir de t'oublier

M'accompagne cette étrange sensation :
Je n'attends plus rien des autres.

Je ne sais pas si cela me console
Ou si cela fait de moi une âme éteinte,
Si cela me fait du bien
Ou si cela me laisse vide à l'intérieur.

je ne peux pas me souvenir de t'oublier

Je crois que
personne n'est si occupé
pour ne pas pouvoir être avec toi,
s'il le souhaite.

S'il le veut vraiment,
il trouvera le moyen
et te le prouvera.

S'il ne le fait pas,
laisse tomber
car cela signifie
qu'il ne te veut pas.

Le reste ne sont
que des *excuses* inutiles.

je ne peux pas me souvenir de t'oublier

N'aie pas peur de perdre les gens.

Aie peur de te perdre toi-même
en essayant de plaire à tout le monde.

je ne peux pas me souvenir de t'oublier

Ton amour pour moi
était comme une étreinte chaleureuse
qui chasse le froid de l'âme,
une lumière qui dissipe
les ombres de mon chemin,
une boussole qui me ramène à la maison,
à chaque instant.

À chaque moment,
ton amour était toujours là,
prêt à me réchauffer,
à m'illuminer,
à me retrouver.

Maintenant, il fait froid et sombre ici...

je ne peux pas me souvenir de t'oublier

Laisse les gens te perdre,
sans chercher à prouver ta valeur,
car ceux qui t'apprécient vraiment
sauront la reconnaître.

je ne peux pas me souvenir de t'oublier

Juste parce que tu as un cœur
bon et gentil
ne signifie pas
que les autres
devraient en abuser.

je ne peux pas me souvenir de t'oublier

Même si tu penses
avoir tout
ce que tu veux,
sois certaine qu'avant de t'endormir,
tu penseras à la seule chose
que tu désires vraiment
et que tu n'as pas.

je ne peux pas me souvenir de t'oublier

Tu as juré de devenir meilleur,
Tu as dit que tu ne me ferais pas souffrir,
Tu as promis que tu ne pourrais jamais
aimer quelqu'un d'autre.

Tu as menti.

je ne peux pas me souvenir de t'oublier

Avant de retourner vers eux,
Je veux juste que tu te souviennes
de combien ils t'ont fait souffrir,
alors que tout ce que tu demandais était de l'amour.

Est-ce toujours valable ?

je ne peux pas me souvenir de t'oublier

Même aujourd'hui,
après toutes ces années,
j'oublie de respirer
quand je te vois.

je ne peux pas me souvenir de t'oublier

Si elle ne fait rien
pour te retenir,
alors pourquoi luttes-tu
pour rester ?

je ne peux pas me souvenir de t'oublier

Et la chose qui fait le plus mal
c'est de continuer à t'aimer
même si tu as réduit mon cœur
en mille morceaux.

Ce sont mille morceaux de cœur
qui continuent à t'aimer,
et ça fait mille fois plus mal.

J'ai un *grand cœur*
et parfois je le déteste,
je pense trop,
je m'excuse trop,
je pardonne trop,
je m'inquiète trop
pour des personnes qui
ne se soucient pas de moi,
je me sens *coupable*
pour des choses sur lesquelles
je n'ai aucun contrôle,
et je me sens seule
parce que j'ai peur
de ne jamais trouver
quelqu'un que j'aimerai
comme *j'aime*.

je ne peux pas me souvenir de t'oublier

Pleure, douce âme, laisse aller le fardeau,
pleure, comme la rosée qui touche la terre enflammée,
pleure, et embrasse ta tristesse avec courage,
pleure, car chaque larme est un pas vers le soulagement,
pleure, et dans tes pleurs retrouve ta force intérieure,
pleure, en libérant l'angoisse que le cœur cache encore,
pleure, jusqu'à ce que les larmes deviennent des rivières de guérison,
pleure, jusqu'à ce que ton âme puisse enfin sourire.

Aime-toi tellement
que tu ne laisses plus personne
te faire sentir fausse.

Aime-toi !

je ne peux pas me souvenir de t'oublier

J'ai abandonné la *jalousie*
quand j'ai réalisé
que tout le monde est libre
d'aller où bon lui semble
et de perdre
ce qu'ils veulent *perdre*.

je ne peux pas me souvenir de t'oublier

Cette fille a changé maintenant,
son aura est différente,
une nouvelle lumière dans les yeux,
elle se sent spéciale
parce que après avoir tant souffert,
enfin,
elle a décidé de choisir
elle-même.

je ne peux pas me souvenir de t'oublier

Certaines choses sont belles
simplement pour ce qu'elles sont,
pas pour ce qu'elles pourraient devenir.

Elles sont belles là, suspendues, intactes,
comme une œuvre d'art
sans défauts ni taches.

je ne peux pas me souvenir de t'oublier

La meilleure vengeance
est l'absence de vengeance elle-même.

Ne deviens pas comme
ceux qui t'ont blessé,
continue ton chemin
et laisse la *guérison* se produire.

je ne peux pas me souvenir de t'oublier

En t'aimant,
j'ai embrassé la douleur la plus profonde,
jusqu'à ce qu'un jour
je me sois demandée :

"Pourquoi me détruis-je
pour quelqu'un qui
ne me veut pas ?"

et la douleur a disparu...

je ne peux pas me souvenir de t'oublier

Peut-être n'était-il pas écrit
dans nos destins,
un lien éternel entre nous deux,
si différents.

Mais je ne regrette rien,
car j'ai aimé
sans peur,
sans limites.

je ne peux pas me souvenir de t'oublier

T'avoir rencontré
n'a jamais été un regret.

Mais t'aimer au-delà de toute mesure,
espérant qu'un jour
tu pourrais changer,
a été la plus grande erreur
que j'ai commise.

je ne peux pas me souvenir de t'oublier

L'amour m'a déçue
tellement de fois que maintenant
j'ai perdu le compte.

Mais la déception
qui m'a blessée
plus que toutes les autres
a été
de ne pas m'aimer
moi-même.

je ne peux pas me souvenir de t'oublier

As-tu déjà dû dire
adieu à une personne
mais à l'intérieur de toi
tu entendais une
voix qui criait en pleurant
"reste" ?...

je ne peux pas me souvenir de t'oublier

Tu as brisé le cœur
de la fille
qui t'aimait
plus que jamais
elle ne s'aimera
elle-même.

je ne peux pas me souvenir de t'oublier

Bonjour mon cœur,
je voudrais simplement m'excuser,
pour toutes les fois
où je t'ai fait souffrir.

je ne peux pas me souvenir de t'oublier

Arrête de penser
à ce qui s'est mal passé
et commence à penser
à ce qui pourrait bien se passer.

je ne peux pas me souvenir de t'oublier

Comment as-tu pu me permettre
de t'ouvrir mon cœur,
si tu savais qu'à la fin
tu partirais ?

je ne peux pas me souvenir de t'oublier

Ce n'est pas la peur de la douleur
qui me fait peur,
mais la crainte de ne plus ressentir
même cela,
le sentiment d'être
émotionnellement insensible,
d'être comme une coquille vide,
sans sensibilité latente.

je ne peux pas me souvenir de t'oublier

Je crois que tu ne m'as jamais vraiment aimé,
sinon tu serais ici près de moi.

Mais tu n'es pas là,
et peut-être maintenant,
tu es heureux avec une autre.

je ne peux pas me souvenir de t'oublier

Quand je pense à quel point
j'étais amoureuse de toi,
je me sens un peu honteuse.

Honteuse parce que ce que j'aimais
ce n'était pas vraiment toi,
mais une version meilleure de toi
que je m'étais construite dans mon esprit.

Et quand j'ai réalisé que tu étais
comme tous les autres,
j'ai ressenti de la peine pour moi-même car
j'ai aimé l'homme que tu ne seras jamais...

je ne peux pas me souvenir de t'oublier

Je suis sûre
qu'elle ne te regardera jamais
comme je te regardais.

J'avais des yeux
uniquement pour toi,
mon cœur
était tout à toi.

Et quand
tu t'en rendras compte,
tu voudras revenir
vers moi.

Mais ce sera
trop tard.

je ne peux pas me souvenir de t'oublier

Parfois, il m'arrive encore d'ouvrir WhatsApp
et de relire nos anciennes conversations.

Parfois, j'ai l'impulsion irrésistible
de t'écrire *"tu me manques"*
mais ensuite, je n'appuie pas sur *envoyer*...

Je ne le fais pas parce que je crois
que pour ressentir le manque,
nous devrions être deux...

je ne peux pas me souvenir de t'oublier

Tu sais quand est-ce que je ressens
vraiment ton absence ?

C'est quand je voudrais te raconter quelque chose
mais que je ne peux plus le faire.

Le pire moment,
juste avant de m'endormir.

Ça fait un moment que nous ne sommes plus ensemble,
mais ce maudit moment arrive toujours.

Ma tête me ramène
aux moments heureux avec lui :

quand il me faisait rire,
quand il venait me chercher en bas de chez moi en voiture,
quand il me regardait et souriait,
quand il m'embrassait.

Puis je me souviens du jour
où il m'a quittée
et je pleure jusqu'à m'endormir.

je ne peux pas me souvenir de t'oublier

Dès que je me suis réveillée, j'ai pensé
à t'écrire "bonjour",
mais ensuite je me suis rappelée
que nous ne sommes plus ensemble.

Parfois, nous ne réalisons pas
que ce qui nous retient attachés à une personne
n'est pas l'*amour*,
mais la *peur*.

je ne peux pas me souvenir de t'oublier

Combien de fois j'ai revisité nos moments,
les revivant dans mon esprit,
ressentant chaque émotion et frisson
comme s'ils se produisaient encore
en ce moment précis.

Combien je t'ai aimé en silence,
essayant de te le faire comprendre doucement,
sans exagération,
parce que j'avais peur que tu t'éloignes.

Combien j'ai eu peur de te perdre
dès le premier instant où nous avons été ensemble.

*Tu sais à quel point ça fait mal
maintenant que tu n'es plus là ?*

*Tu sais le vide que tu as laissé
au plus profond de mon cœur ?*

je ne peux pas me souvenir de t'oublier

Mais si c'est vrai comme ils disent,
que tout le monde revient
tôt ou tard,
alors pourquoi
tu ne reviens pas ?

J'ai construit des murs autour de moi.

Pas pour empêcher les autres d'entrer,
mais pour voir qui se soucie assez
pour les abattre.

je ne peux pas me souvenir de t'oublier

Nous nous sommes quittés
et je n'aurais
jamais cru
que ce serait possible.

Tu diras que c'était
de ma faute mais
nous savons tous les deux
la *vérité*.

C'est fini parce que
tu n'as pas voulu
te *battre* pour notre histoire
comme je l'ai fait.

je ne peux pas me souvenir de t'oublier

Chaque jour,
il m'arrive
de me demander
comment deux personnes
comme nous, qui
ont partagé
tout pour devenir
une seule entité,
peuvent maintenant
n'être que
deux *étrangers*.

Je ne peux pas
accepter un tel
gâchis d'amour.

je ne peux pas me souvenir de t'oublier

J'étais vraiment convaincue
que tu étais *mon âme sœur.*

Je croyais que cette fois-ci
ce serait différent.

J'ai ressenti cette sensation
que nous étions liés
par une force supérieure
à l'amour lui-même.

Je ne pourrai jamais
comprendre comment
notre histoire
a pu se *terminer*
aussi mal.

je ne peux pas me souvenir de t'oublier

Je m'en fiche
que tu sois toujours avec moi,
ce qui compte pour moi, c'est de savoir
que quand tu es avec moi,
tu es vraiment là.

je ne peux pas me souvenir de t'oublier

Avant d'être avec toi,
je ne pensais pas
qu'il était possible
de ressentir autant
le manque
de quelqu'un.

je ne peux pas me souvenir de t'oublier

La vérité est
que je me sens
presque toujours
prisonnière,
parce que je n'arrive jamais
à décrire
ce que je ressens
réellement.

je ne peux pas me souvenir de t'oublier

Si tu m'avais vraiment aimée,
tu ne m'aurais pas blessée,
tu ne m'aurais pas menti,
tu ne m'aurais pas utilisée,
tu ne m'aurais pas trahie.

Et tu ne sais pas ce qu'est l'*amour*,
tu ne sais pas ce qu'est le *respect*.

Tu ne me mérites pas.

je ne peux pas me souvenir de t'oublier

Faiblesses:
tu n'en avais pas.

J'en avais une:
j'aimais.

je ne peux pas me souvenir de t'oublier

Chaque fois que
tu m'embrasses,
je ressens un frisson
dans chaque partie
de mon corps.

je ne peux pas me souvenir de t'oublier

Tu es
chacune
de mes
faiblesses.

je ne peux pas me souvenir de t'oublier

J'étais là pour toi
dans tes moments de crise,
j'étais là pour toi
quand tu as touché le fond,
mais où étais-tu quand
quand j'avais
besoin de toi ?

je ne peux pas me souvenir de t'oublier

Et maintenant,
certaines portes
restent fermées
simplement
parce que j'ai appris
à m'aimer
un peu plus...

je ne peux pas me souvenir de t'oublier

Quand tu souffres,
tu es persuadée que
la douleur durera
pour toujours,
mais crois-moi,
ce ne sera pas le cas.

L'hiver laissera
place à l'été.

Aucun hiver
ne dure éternellement.

je ne peux pas me souvenir de t'oublier

La pire personne avec qui être
est celle qui ne veut pas *t'aimer,*
mais qui ne veut pas non plus *te perdre.*

je ne peux pas me souvenir de t'oublier

Le temps passe
mais l'effet
que tu as sur moi
ne disparaît jamais.

je ne peux pas me souvenir de t'oublier

Combien de temps
ai-je gaspillé
à rêver
d'un avenir
avec la *mauvaise personne*.

je ne peux pas me souvenir de t'oublier

Et peut-être que c'est ça qui me piége.

Être pessimiste et déjà imaginer
comment ça finira.

Et être quand même déçue,
parce qu'au fond,
je m'imaginais
une fin différente.

je ne peux pas me souvenir de t'oublier

Parfois, *perdre*
ce que l'on voulait sauver
peut être le véritable *salut*.

je ne peux pas me souvenir de t'oublier

Qui sait si
tu me cherches
aussi
dans la foule
quand tu es
dehors..

je ne peux pas me souvenir de t'oublier

Un jour tu m'aimeras
comme je t'aime,
tu penseras à moi
comme je pense à toi aujourd'hui.

Un jour tu pleureras pour moi
comme je pleure pour toi.

Un jour tu me voudras,
mais moi je ne te voudrai plus.

je ne peux pas me souvenir de t'oublier

Le fait est que
je l'aimais plus que je n'ai jamais aimé
quelqu'un d'autre dans ce monde,
mais ce n'était pas suffisant,
et il est parti comme si c'était
la chose la plus facile à faire
dans ce monde.

je ne peux pas me souvenir de t'oublier

Tu sais pourquoi tu n'arrives pas à le laisser partir?

Parce que, malgré la souffrance qu'il t'a causée,
il était la seule chose
dans ce monde
qui savait te comprendre
et te rendait heureuse.

je ne peux pas me souvenir de t'oublier

La déception
c'est ce
"à demain"
qui ne viendra jamais.

Les gens ne nous déçoivent pas,
c'est nous qui les surestimons.

Ils sont ce qu'ils ont toujours été,
c'était nous qui avions besoin
de les voir meilleurs.

je ne peux pas me souvenir de t'oublier

Parle avec tous.
Amuse-toi avec beaucoup.
Fais confiance à peu.
Ne dépend de personne.

je ne peux pas me souvenir de t'oublier

Je me dois les plus grandes excuses
pour avoir enduré
ce que je ne méritais pas.

je ne peux pas me souvenir de t'oublier

Si nous ne nous étions jamais rencontrés
et que je te voyais aujourd'hui pour la première fois,
je tomberais amoureux de toi.

Encore une fois,
malgré tout.

je ne peux pas me souvenir de t'oublier

Tu sais que ce n'était pas de ta faute ?

Tu sais que tu n'aurais rien pu faire
pour changer cette situation,
et que tu n'aurais jamais dû te battre
aussi dur pour être aimée ?

Tu sais que tu mérites que tes besoins
et tes sentiments soient respectés ?

Tu mérites d'être aimée, soutenue et réconfortée
pendant tes moments les plus difficiles
au lieu d'être abandonnée.

Ne l'oublie jamais.

Tu ne devrais pas supplier
quelqu'un de t'aimer.

Tu ne devrais pas supplier
quelqu'un de se soucier de toi.

Tu ne devrais pas supplier
quelqu'un de te parler.

Et tu ne devrais pas supplier
quelqu'un de mettre votre relation en premier.

S'ils le veulent, ils le feront.

Ne laisse pas les gens
devenir une priorité dans ta vie
quand tu n'es qu'une option dans la leur.

je ne peux pas me souvenir de t'oublier

Ma faute n'était pas de t'avoir aimé,
ma faute a été d'avoir renoncé
à tout, même à moi-même,
juste pour ressentir cet amour.

je ne peux pas me souvenir de t'oublier

Tu devrais être fière de toi
pour la façon dont tu as
géré cette dernière période:

des batailles silencieuses
que vous avez menées,
jusqu'aux moments où tu es tombée,
mais tu as quand même décidé
de te relever pour la énième
fois et de regarder devant toi.

Tu es une guerrière.

Alors rends-toi service
et célèbre ta force.

je ne peux pas me souvenir de t'oublier

Je mérite
un amour
aussi fort que
toute la douleur
que j'ai ressentie.

Milton Keynes UK
Ingram Content Group UK Ltd.
UKHW020914110624
443837UK00014B/507